AF280515

Herstellung und Verlag:
Books on Demand GmbH, Norderstedt
ISBN: 978-3-8370-6004-1

<u>**Wirsing II**</u>
<u>**Die legendäre Fortpflanzung**</u>

Kapitel 1: The NiUStart!!!
Kapitel 2: Seine Mudda
Kapitel 3: Der Frühstücker
Kapitel 4: Im Gestüht
Kapitel 5: Mal gucken, ne

<u>**Thank you for your buisness, ne!**</u>
Visit me: www.mariolostinio.de.tl

(Diesmal ist jede Seite ohne eine Zahl, weil sich diese einzelne Durchnummerierung nicht lohnt, weil sie ja genau so ist, wie bei Wirsing 1 – Hauptsache bescheuert!!!)

Bis denne! Mario Lostinio

Kapitel 1: The NiUStart!!!

Sodale - ich bin wieder da!
Jaja - der Wirsingverkäufer ist zurück!
"Ja guten Tag, möchten Sie Wirsing???"
Nehmen Sie hundert und zahlen nur neunundneunzig.
Da sparen Sie nicht nur einen Zehner, nein, Sie bekommen sogar einmal Wirsing gratis obendrauf. Toll, ne?

Ja guten Tach nochmal!
Wie gehts denn so?
Gut? Ja prima!!!
Dann wollnwama!
Hm... lecker Wirsing!
Gehacktes halb und halb in meiner Wirsingroulade bitte!

Natürlich hat sich zwischen dem ersten Band und diesem hier, der legendären

Fortpflanzung, nix weltbewegendes getan. Quasi gar nichts!
Ist ja auch logisch irgendwie.
Wäre ja blöd, wenn ich Ihnen vorenthalten würde, dass er jetzt einen neuen Schlafanzug hat und eines morgens versehentlich in seinen Eimer reingetreten ist.

Du hast warme und barmherzige Augen mit dicken Papullen!
Du hast dicke und barmherzige Papullen!!!
Ja stell Dir mal Deine Fresse vor, mit diesen Augen...
Dann biste schön hässlich, ne!?!?!?

Als ich einen fragenden Mitbürger erzählte, dass ich grad an Wirsing II schreibe, sagte er zu mir:
(Zitat Anfang) "Schieb Dir den Stift in den Arsch und friss Deinen Zettel auf!"
(Zitat Ende!)

Hab ich gesagt: „Du kannst dir meine Klabusterbeeren vom Arsch pflücken und behalten!”
Da war dann das Thema beendet!
Ne, doch nicht!
Er fragte nämlich noch, was das sei und da hab ich gesagt: "Das sind die, die man an den Arschhaaren kleben hat, wenn man sich den Arsch nicht richtig abputzt.“ „
„Diese Kacke-Knäulchen, an den Haaren am Arsch. Die da angetrocknet sind!”
Hat er gesagt: "Bäh, igitt Du Kackarsch, pass auf, dass ich sie Dir beim nächsten Kacken nicht vom Arsch reiße!”
Sag ich: "Bor Aua! Das muss höllisch weh tun!”
Sagt er: "Soll es ja auch!”

Da war das Thema dann wirklich beendet!

Tja - wer Wirsing konsumiert, der muss halt mit allem rechnen. Hab ich ja immer gesagt.

In Gedanken verknotete sich sein Gehirn dreimal um die eigenen Synapsen.

Das brachte sie zunächst zum knacken und dann zum platzen!

Der Synapsen-Tod!

Und das tat weh. Bei jeder seiner ungefähr drei oder fünf Synapsen machte es "Peng" und sie schossen durch den Schädel. Von innen!

Sie flogen voll vor seine eigene Schädelwand mit einer solchen Wucht, dass sie nach außen raus verbeult wurde. Also hatte er jetzt drei oder fünf Beulen am Kopf.

So wie bei einem Auto, nur nicht nach drinne, sondern nach draußen halt.

Das sah ein bisschen doof aus, aber daran konnte man nichts mehr ändern.
Einige böse Menschen nannten ihn seitdem nur noch "die Pocke" oder "Pockekopp".

Das war eine großartige Beleidigung.

Ist aber immer noch nicht so gut wie zum Beispiel "Fotzenkopp" oder "Pimmelkopp"! Das sähe bestimmt auch noch viel blöder aus.
Aber was will man machen. Man muss das halt mit Humor nehmen, weil das ist das wenn man trotzdem lacht.
Genau! Aufgrund eines dummen Zufalls klopfte er sich jetzt zweimal auf den eigenen Kopf. Auf den Schädel. Sein Haupt.
"Gut, dass ich nicht enthauptet bin!" dachte er dreimal, bevor er anfing, seine Beulen zu kratzen.

Ach Gott, es sind ja nur Pickel! Ja dann sind gar keine Synapsen explodiert! Ist ja prima! Na dann haben wir ja noch mal Glück gehabt. Und nach einem Tag waren die Pickel wieder weg. Komisch...
Dabei hätte er gerne Mitesser gehabt, damit er nicht immer alles alleine essen muss, damit er teilen kann, damit er abnehmen tuen kann.
Wie bei einer Hochzeit. Oder Vogelhochzeit sogar.
So wie ein Wellensittich erst futtern, dann wieder hoch würgen und in die Schädel oder Schnäbel seiner Kinder rein machen das Futter.
Halt nur nicht als Vögelbabys, sondern als vögeln, baby! Ne - Spaß!
Als Mitesser eben. Dann schmecken die gleich doppelt so lecker.
Die Vögelnbabys. Würmer sind auch gut zu vögeln, weil sie ihnen Futter geben!

Als der alte Mann seinen Tirolerhut tragend, die vermeidliche Zigarre im Mund rauchend, nach Hause kam und seinen Einkauf:

1x Sixpack Bier,
2x Frikadelle,
1x Tüte Hackenfleisch (also 1 Tüte von Fleisch von den Hacken) und ein Gratis Kondom (!!!) seiner Ehegattin auf den Tisch legte, verspürte er ein Gefühl welches ihm sagte, dass heute irgendetwas anders war.

Es war ihm klar, wie die legendäre Knödelsuppe.
Seine Alte stierte ihn an.
Dann bemerkte er, dass sich von ganz allein die Stereoanlage einschulte.
Ein spannendes, auf jeden vierten Schlag eines vierviertel Taktes, ertönendes "Plink" drang aus den Lautsprechern heraus: "Plink plink, plink!"

Er dachte an den weißen Hai.

Als er dann noch mal seine Alte ansah,
wurde ihm anders:
Bei jedem „Plink" stießen ihre Augen
weiter aus ihrem Schädel hervor.
Jeweils etwa fünf Zentimeter...
Je länger er ihr in die Augen starrte,
desto hypnotisierter wurde er von ihr.
Davon!
Die Augen kamen immer näher, doch
nicht die Augen allein.
Nein - sie hingen an einem Stiel aus
Fleisch, Blut und Haut herum.
Wieder machte es „Plink", etwa so wie
ein Echolot klingt, wie beispielsweise
auch das Echolot eines U-Bootes, von
U-96 oder jemand anderen vielleicht
sogar.
Wieder kamen die Augen näher, am
Stiel.
Sie hatte Stielaugen bekommen.

Er spürte, nein er sah es sogar:
Die Augen waren mittlerweile unmittelbar vor seinem eigenen Gesicht.
Sie schauten ihm in die Augen.
In die Eigenen.
Er dachte: "Huch!", dann begab sich Folgendes:
Das eine Auge, lassen wir es das Linke sein, beugte sich am Stiel herunter zu seinem Mund.
Es begann ihn zu küssen an.
Er küsste zurück, er war gefangen, konnte sich nicht wehren, war der Hypnose, dem seltsamen Zauber, welcher sich hier abspielte, ergeben.
Ein widerliches Kussgeräusch folgte auf jeden zweiten Schlag des vierviertel Taktes.
 Zufällig ergab sich ein Rhythmus:
"Küss, Plink, Küss, Plink…"
Was er jedoch nicht bemerkte, war, dass das andere Auge sich immer weiter von seinem Gesicht entfernte.

Während er mittlerweile dem linken Auge einen lutschte (bis in den Rachen), kroch das andere Auge heimlich, aber geil von hinten in seine Hose hinein. Es bahnte sich seinen Weg, in seinen Anus.
"Wow" dachte er, als das andere Auge, in seinen Mastdarm eindrung.
"Ah ah!" stöhnte er genüsslich.
Doch dann, oh Gott, er bekam einen heftigen Krampf in seiner Arschmuskelmuskulatur.
Krampf, fladderbatsch, kniff er das Auge im Darm ab.
Seine Alte schrie laut, der Stiel flüchtete panisch heraus aus der Hose von dem alten Mann und quiekte dabei wie ein junges Ferkel. Ratzfatz, wohl echt quasi wegen der Seelenverwandtschaft der Augen schrie auch das eine Auge, welches ganz heftig aus seinem Rachen verschwinden wollte. Zu spät!

Vor lauter Schreck bass er es ab: „Krpp!" Beide Stiele zogen sich blutend und schreiend in das Gesicht seiner Alten zurück.

Aus den Augenhöhlen stießen schwallweise Blutfontänen heraus, auf jeden ersten Schlag des vierviertel Taktes. Auf jeden dritten Schlag schrie sie ganz laut "Ah".

"Prdsch, Küss, ah, Plink..." Das Kussgeräusch lief die ganze Zeit weiter. Ihm steckte ein Auge im Mund und ein Auge im Hintern. Unter starkem Schock schreite er sich mehrmals seine Kehle aus dem Kopf, dann rannte er weg. Schreiend auf jeden zweiten und vierten Schlages des vierviertel Taktes! "Prdsch, schrei/Kuss, ah, schrei/Plink". Aber was war das? Der Fettsack schreckte schreiend aus seinem Schlaf heraus. Schweißgebadet! Er lag in seinem eigenen Bett, in seiner eigenen

Pfütze, die er verloren hatte vor lauter Angst.

Ein Traum? Ja - ein böser Albtraum, eine Ermahnung an ihn selbst, eine Vision, eine böse Lehre, ein Dosenöffner. Ganz im Gegensatz zum Ende von WIRSING 1, lebt der Fettsack nun doch wieder.

"Tataaa!"

Diesmal wird es ihm bestimmt gelingen dünn zu werden. Besser man ist dünn und doof, als dick und doof. Ne?

Herzlich Willkommen in der immerginären Sphäre von WIRSING die Zweite.

Nach dem ersten überwundenen Schock prüfte er vorsichtig mit zwei, drei Fingern, ob auch wirklich kein Auge in seinem Hintern drin steckte.

Nach etwa fünfzehn Zentimetern nickte er bestätigend und wusste somit, da ist kein Auge drin. Das gleiche machte er nun auch im Rachen. Zum Glück stand neben seinem Bett noch sein Eimer voll Kotze, den er immer bei sich trug.
In diesem Augenblick wurde er wieder voller. Tja, man soll ja auch nicht die Finger in den Hals stecken. Obwohl, halt, Idee: Bullemie!
Richtig! Ein gutes Mittel um die Pfunde nur so purzeln zu lassen. Ein toller Typ!
"Oooh - gutes Thema!"

Eine angemessene Stelle in diesem Buch, um dem Autor Mario Lostinio, also ich, das erste dicke Lob auszusprechen. Bei diesen wirklich wahnsinnigen Gedankensprüngen kann man und Frau (das soll lustig sein), das schon mal machen. Ein toller Typ! Sexy! Intellektualität und ein hervorragender Charakter zeichnen ihn ebenso aus, wie seine hohe Auffassungsgabe, großartige Leistungsfähigkeit, und diese recht überdurchschnittliche und sehr hohe Einsatzbereitschaft sowie seine insbesondere extrem ausgeprägte Sozialkompetenz. Fertig erst mal. Später wollen wir ihm gebührend huldigen.

Im Eimer voll Kotze befand sich im Übrigen auch kein Auge. Somit war bewiesen, dass er keins abgebissen hatte. Wieder nickte er sich bestätigend zu. Schon jetzt, nach dem ersten Versuch seines neuen Hobbys fühlte er sich sowohl psychisch als auch physisch wesentlich besser als gestern und alle Tage davor. Während er spazieren ging, in seiner Funktion als Spaziergänger, überlegte er sich, ob vertrocknete Regenwürmer wieder zu leben anfangen würden, wenn sie

wieder nass werden. Kameradschaft war das A und O für ihn.
"Kameradschaft lebt von mitmachen".
Also sammelte er alle trockenen Regenwürmer ein und stopfte sie in seine leere Butterbrotbox.
Nasse, lebende Regenwürmer zerquetschte er verachtend mit der Fußspitze zu Tode.
Seine Box war leer, damit er besser dünn werden konnte.
Also war da genug Platz drin.
Und überhaupt, ist doch ne tolle Sache: Regenwurm!

Eiligen Schrittes eilte unser Dicker mit der vollen Butterbrotbox nach Hause.
Er transpirierte in dem Bewusstsein, das jeder Tropfen ihn leichter machen würde.
Diesmal sah es gut um ihn aus. Im Keller suchte er seine pinke Gießkanne

mit dem weißen Deckel, um die Würmer zu gießen.

"Ah, da ist sie ja!" rief er voller Freude und klatschte fast dreimal in die Hände. Zwischen den Schaufeln und Förmchen auf seiner neuen Plastikschubkarre, gelb und rot, da lag sie nämlich.
Im Dschungelcamp hatte er mal gesehen, dass man Regenwürmer auch essen kann, wenn sie wieder leben.
"Sollen sogar sehr gesund sein!" erinnerte er sich wage.
"Proteine und Eiweiß, das gibt Tinte auf dem Füller!" arbeitete sein Spatzenhirn. Als Schlankie-Next-Generation könne er vielleicht sogar Liebe erhalten. Also tut, ne - tat - sogar, er die Würmer erstmal gießen und dann in den Backofen! Englisch: Beykufän! Hähä: Klingt fast wie "Beethoven"! Ist aber nicht das selbe!

Gut, er legte noch eine Schicht Käse über die gegossenen Regenwürmer, damit er sie später besser ablutschen kann.

Dann verfiel er in einen tiefen, langen, hundertjährigen Schlaf, weil er sich mit einer Spindel gestochen hatte. Die von der alten Omma auf dem Dachboden, die spinnt. Ne!?!?!? Dann wuchs er auf, hundert Jahre danach. Weil ihn ein Prinz seiner Phantasie durch das Gesäß - äh... Gesicht geküsst hatte.

Ah Scheisse: Der Ofen wurde wieder wach! Er brut die Würmer so, dass der ganze Küche...

Küchenraum unter Wasserdampf stond. Wasserdompf stand. Ist ja auch wieder ein Tut-Wort, weil man stehen tut.

So - Er riss schnell die Klappe vom Herd ab und schüttete sich hastig die Käsewürmer in seinen Schlund, den er vorher auf einen Meter geweitet hatte, damit auch nix daneben geht.

Das Regenwurmkäsewasser leckte er noch schnell vom Rand der geschmolzenen Butterbrotbox ab.
Ja! Die Box war geschmolzen und der Würmerkäse lag auf dem Backblech rum.
Er schnappte sich hastig genau dieses Blech und verbrannte sich seine Finger wie bei diesem Film mit der Maus und der Katze. Weiss der Geier, wie die gleich noch heissen. Jedenfalls blinkten seine Finger und der Daumen immer an und aus.
Das Wasser war ja, wie gesagt, verdampft. Deshalb konnte er seine Finger ja auch nicht löschen und um den Blinker wieder auszuschalten, fehlte ihm das Automobil.
Aber dann fiel ihm ein, dass er ja noch das Löschpapier hat. Aus der Schule. Von damals. Als es noch keine Torkschohs gegeben hatte. Ja der eine hieß Tom oder so, fällt mir grad ein.

Nachdem er das Backblech abgelutscht hatte, fiel ihm auf, dass der Box von der Brot von der Butter geschmolzen war. Kurios! Merkwürdig!!!
Ist aber gut, dass das nicht Putterboxbrot heisst, weil nämlich ein Putter ja der männliche Vogel von einer Vogelfrau ist. (Naturkunde nennt man das!)
Dann machte es aus der Luft eine Melodie wie damals bei "Der Preis ist heiss", wenn das Rad rauskam.
Aber die alte Melodai, nicht die danach! Also "Döööm dödömmdömm..." und so weiter. Warum? Weil seine Mutter kam! Hähä!

Kapitel 2: Jaja, seine Mudda

Ja richtig... er hatte ja auch jetzt plötzlich eine Mutter! Wie konnte man das nur vergessen!
Oder kommt da jetzt ein Fragezeichen hin? Also hinter "vergessen"? Aber mit Fragezeichen ist das doch nicht mehr so aussagenhaft, oder - streiche "aus": "so sagenhaft"!!!
Wenn ich jetzt wüsste, wie man das schreibt, würde ich sagen: "Ich schreibe in Metaphern!" Doch dazu müsste man ja dieses Wort schreiben können. Auch wenn es garnicht passt, an dieser Stelle.
Tja...! Er wohnt doch tatsächlich die ganze Zeit bei ihm, bei seinem Mütterchen. Sogar bis ins Gegenwärtige. Von ihr kassierte er es regelmäßig mit dem Holzlöffel. Das war früher mal ein Schnellrestaurant in der Fußgängerzone in Lünen an der Lippe.

Das tat aber nicht weh. Nur ein bisschen. Jeden Sonntag ging sie für zwei Mark elf putzen. Im Wohnzimmer und im Schlafzimmer auch. Putz, putz, putzig! Ja schön!
Sie war eher das Gegenteil von ihrem Sohn. Sie war groß und dürr, mit Halbglatze und Vollbart. Auch im Gesicht . . .
Sie hatte Schläuche, keine Brüste.
Und ein Holzbein.
Ne, zwei sogar.
Aus Besenstiele.
Und zwei Holzarme aus Blockflöten und leeren Streichholzschachteln.
Und sie hatte sogar einen Holzkopf.

Ihre Hände und Füße waren allerdings echt. Das heisst, dass lediglich die Strecken von den Händen bis zu den Schultern und von den Füßen bis zu der Mummu mit Holzteilen überbrückt wurden.

Also nur das dazwischen war aus Holz.
Geschnitzt von Herrn Gipetto! Oder
Apetito! Aber das lässt sich aus
heutiger Sicht nicht mehr so ganz
eroiren. Also nachvollziehen, glaube
ich. Sie besaß Puppenhaare!
Meistens trug sie einen Kittel in ihrer
Größe, mit den Farben altrosa und
dunkelviolett. In Streifen.
Die Hakennase, welche ihr Gesicht
zierte, spielte gerne mit dem Bart:
Popelbremse!
Ihre Nasenhaare waren zu einem
hübschen Zopf zusammengeflechtet.
Und links war ein Holzauge.

Klopf, klopf - herein...
Guten Tag Wirsing!

Sie war geschätzte fünfundsiebzig Jahre
jung und sehr adrett. Ihr Lieblingslied
war seit nunmehr dreissig Jahren:

“Du entschuldige, i kenn di” von diesem Schlagersänger da. Achtung: “Bist Du net die Kloane, die i scho als Bub gern gmocht hab...”
Irgendwann würde unser Hauptdarsteller, ihr Sohn quasi, ihr dieses Lied zum Geburtstag schenken, oder zum Muttertag, oder am ersten Mai. Das ist immer dann, wenn er sie mit einer Kiste Bier im Bollerwagen durch die Siedlung ziehen muss. Traditioneller Weise natürlich.
“Ja, das wäre doch ein Kracher” dachte er, “dann nehme ich einfach einen Ghettoblaster mit und sechs große Batterien und die CD und dann mach ich das Lied an. Das wäre bestimmt eine tolle Überraschung!”
Welch gute Idee. Und - ohha - morgen ist ja zufällig auch schon der erste Mai. Ja super!

Also raus und gehen zum Kaufhaus:
CD kaufen!

Dialog Anfang:
"Sorry, ähm - fff... Fendrich?"
"No, was just Mainfield!"
"Then Mainfield maybe?"
"HamHave I not!"
"Then Fendrich?"
"Rainhard?"
"No, the other!"
"Witch?"
"Peter!"
"Hörense ma, Sie haben wohl in Peter-Lustig-Bettwäsche geschlafen, so lustig, wiese sind!"
"Und Sie haben wohl von Mut geträumt, so mutig wie Sie sind!"
"Ne, aber ich mach immer in Chuck-Norris-Bettwäsche heija!"
"Chuck Norris schläft in Supermann-Bettwäsche!"
"Supermann steht auf Schnulzen!"

"My mother too!"
"But not off Cornelius!"
"Doch!"
"No!"
"Doch!"
"Okey!"
"Okey?"
"Yes!"
"And what is with the other?"
"I don`t know!"
"Haha!"
"Was haha?"
"Cornelius kennt alle!"
"Even my mother?"
"Jepp!"
"Ah, because of this...."
"Becuase of what?"
"Deshalb singt er immer, dass er sie kennt!"
"Sehnse!!!"
"Danke!"
"Please!"
"Tschüssi!"

“Yes – Buy bye!”
Dialog Ende

Tja, es macht sich wohl bezahlt, wenn man regelmäßig die Schlagerparade vom Österreich-Ungarischen Gemeinschaftskanal im Hörfunk anschaut.

So, Zeitsprung: Erster Mai!

Mudda im Bollerkasten! Ne, Bollerwagen! Nach der achten Flasche Bier, fragte sie ihren Sohn: “Hasse nich ne Überraschung für Deine Mudda? Hä???” “Doch Muddi, hab ich!” antwortete er glücklich und schüttelte den Ghettoblaster aus seinem Ärmel heraus. Aus dem Anderen schüttelte er die sechs Batterien heraus.
Jede einzelne knallte der Alten mit voller Wucht auf den Schädel.

Der Ghettoblaster übrigens auch, aber erst ganz zum Schluss.

"Pok, pok, pok, pok, pok, pok, Fladderbatsch!" machte es.

"Aua, aua, aua, aua, aua, aua, autsch!" nuschelte sie sich in ihren Bart.

Jetzt fummelte er die Batterien in das Batteriefach hinein. Er schloss es und drückte auf "Play".

"Haha - ich sach ja immer Papfelsaft, ahahaha!" sprach er aus Verlegenheit, weil er vergessen hatte, die CD einzulegen.

"Ahahahaa!" lachte er nun aus Verlegenheit, weil er jetzt vergessen hatte, vorher auf "Power" zu drücken.

"Ha!" stöhnte er diesmal aus Verlegenheit, weil er offensichtlich die Batterien falsch herum eingelegt hatte.

Also öffnete er das Fach erneut und wieder knallte jede einzelne Batterie auf den Schädel seiner Mutter.

Auch der Ghettoblaster wieder. Mehrmals. Während er ihn mit beiden Händen am Griff festhielt.
“Schädelbruch, Schädelbruch...!!!” schrie er laut und zornig, mit jedem Schlag auf seine Alte.
Die schrie übrigens auch bei jedem Schlag immer “Schädelbruch, Schädelbruch...!!!”
Plötzlich spielte das Lied!

Seine Mudda wurde zur rasenden Wildsau! Wie vom Gorilla ge... ehm... öh... geh gebissen schreite sie ihren Sohn an: “Ey, das ist nicht der richtige Sänger! Du Arschloch, Du Vollidiot! Penner, Wichser, Drecksau!”
Aufgebracht riss sie eine Flasche nach der anderen aus der Kiste und schlug ihm jede einzelne über ihren eigenen Schädel kaputt.
Aber nur die leeren Flaschen.

Er rannte weg, was das Zeug hielt und zog dabei den Bollerwagen hinter sich her! "Das macht schlank, das macht dünn!" dachte er und rannte und rannte und rannte. Bis er dem Horizont entweichen musste.
"Ich bin ferdich!" schnaufte seine Mutti, doch er rannte weiter, so schnell er konnte und so begab es sich, dass sie in einer starken Linkskurve aus dem Bollerkasten flog! Bollerwagen!!!
"Fladderbatsch!" rief seine Mutter und verknotete noch im Flug ihre Nasenhaare mit dem Bart, von einem zufällig da stehenden, alten Opa.
Sie flog ja wie in Zeitlupe!
Der Opa allerdings holte lediglich eine Schere aus der Tasche und schnitt ohne Worte die Verknotung dritten Grades einfach durch. Mit seinem Rolator zog er ihr eins über die Rübe und ging weg. Dahin, von wo er gekommen war.

Nämlich: Von Zuhause! Im Altenstift. Da, wo die lecker Mädchen sind.

Ja, der Opa war weg und die Mutter wieder in der Kiste.

Und ihr etwas korpulenterer Sohn wieder etwas dünner. Bis hier hat er wohl schon zehn Kilogramm abgenommen.

Durch Fleiss, Disziplin und Übung! Und auf der Straße vor dem Bollerwagen.

Seine Mutter trank noch schnell die restlichen zwölf Bierflaschen leer, um das Pfand im Getränkemarkt gegen Bares zu tauschen, und um das Bare dann beim freundlichen Fastfoodhändler von nebenan gegen einen fetten Burger zu tauschen.

Was sie nicht wusste, war, dass der Händler grad Aktionswochen hatte.

So bekam sie für das Geld nicht einen fetten Burger, sondern einen fetten Bürger.

Gratis dazu: Ein Lollipop mit weisser Soße. Zum genießen!

Oh lecker... vom Lollipop die weisse Soße raussaugen. "Hm... gluck, gluck, schmatz, schmatz!"

Das von ihr käuflich erworbene Produkt wollte schnell weggehen, aber das hat seine Mutter ja deutlich gesehen: "Ey fetter Bürger! Wadmachsn jetzt? Bleib hier! Du gehörst mir! Ich hab Dich bezahlt, Du Sau!" Dann holte sie ihr Lasso raus und spielte Cowboy und Indianer als Remix.

Ihr Sohn sah hungrig zu und aus. Dabei roch es doch so gut hier. "Durch nichts essen nehme ich wieder was ab!" trauerte er glücklich.

Ja glücklich in seinen Gedanken durch alle Sinne und Sinnesorgane.

Wieder was, was er seinem Abspeckkonto zugute kommen lassen konnte.

Sie sehen, er macht sich hervorragend. Und das alles nur, wegen seiner Mutter. Sie hatte übrigens ihre neue Flamme, den fetten Bürger, eingefangen und so richtig ordentlich verrammelt. Zur Bestrafung wegen dem ungehorsam sein. Unter anderem von hinten.

Danach wurde sie nie mehr gesehen, außer im Altenstift. Für mindestens drei Tage und zwei Nächte. Nacheinander! Hat aber auch irgendwie keiner gemerkt.

Nur der fette Bürger. Der aber dafür um so heftiger. Auch wenn es ihm gefallen hat.

Ganz alleine zu Hause, ohne Mutti, war es doof. Doch zum Glück hatte er ja noch den Rand von dem übergelaufenen Eimer voll Kotze auf dem Teppich liegen. Mittlerweile eingetrocknet. Aber mit ihm konnte er sich gut unterhalten, während er ihn mit

den Fingernägeln langsam abknibbelte, weil er zwischenzeitlich schon lebte.
Und nicht nur er, nein auch hunderte von kleinen Fliegen drum herum.
Diese waren kohlenhydratereich und glukosearm. Immer wenn er ein Hungergefühl verspürte, pflückte er sich eine Fliege vom Teppich ab und biss dreimal von ihr ab. Das machte er nun schon seit mindestens vier Stunden.
Halt seit dem Restaurant-Besuch; als es plötzlich an seiner Tür klopfte.
"Hä, wer ist da?" fragte er mit einer hohen Erwartungshaltung.
Die Tür öffnete sich wie von Geisterhand und siehe da:
Seine Mutter stand im Türrahmen und sprach mit göttlicher Stimme:
"Schön, daste wieder da bist, Junge!"
Sie setzte sich im Unterhemd und in Unterhose auf den Sessel vor dem Fernseher, in der einen Hand die

Fernbedienung, in der anderen ne Flasche Bier und mit der übrigen Hand packte sie sich am Sack und ließ die Hand dort versacken!

Beide genossen die Zeit bis zum frühen Morgenrot. Diese Zeit hatte ihr gut geschmeckt.

"Keine küsst so gut wie Mama!" dachte er glücklich.

Was sie allerdings überhaupt gar nicht gemerkt hatte, war, dass der fette Bürger vorher im Sessel saß und sie sich einfach draufgesetzt hatte.

Ja, er wurde eingeklemmt zwischen die Arschbacken von ihr und plattgesessen. Hinterher wurde er erstickt, zerquetscht und verschieden. Irgendwann knurrte seine Mutter: "Wasn das da am Arsch?" während sie sich die Kimme kraulte.

Dann zog sie den fetten Bürger aus ihrem Arsch hervor und dachte, sie hätte wieder Würmer. Sie hat ihn in den Papierkorb geworfen.

Ihr Sohn dachte nur: "Oh, was leckeres zu essen!" als er am nächsten Tag den Müll zur Mülltonne des hundertsechzig Parteien-Hauses bringen wollte.

Er piekte mit einer Gabel in den Müll und aß ihn schnell auf. Er guckte nochmal fix nach links und rechts, um sich zu vergewissern, dass da auch kein Mensch ist, der ihm was von dem Essen klauen will.

Wenn seine Mutter schlafen wollte, verkroch sie sich immer in die obere Schublade seines formschönen Nachttischschränkchens im sehr schönen Kinderzimmer von ihm.

Dort machte sie dann jeden Abend eine Uraufführung von einem Musical. Denn in dieser Schublade wird jeden Abend ein Musical uraufgeführt.

Wenn sie damit fertig war, schloss sie sich immer von innen ein, damit nicht die ganzen Leute da reinkommen konnten. Von innen war die Schublade übrigens sehr schön. Sie hatte hübsche Tapete und schönen Fußbodenbelag da drin. Wenn sie mal fest aufstampfte mit ihrem Fuß, dann störte es niemanden unter ihr. Obwohl die Wände ja sehr hellhörig waren.

An der Wand über ihrem Bett hing ein goldenes Bild mit einer goldenen Bucht und einem goldenen Don Chuan, welcher die Melodai der ewigen Sehnsucht widerspiegelte und sang. Auf Knopfdruck.

Und wenn man sich dieses Gemälde noch etwas genauer ansah, konnte man in weiter Ferne einen goldenen Käfig entdecken. Und irgendwer war offensichtlich darin versteckt.

Der Dicke wurde wach, weil er schlecht geträumt hatte.

Seine Wangen wurden rosig und sein Bauch zog sich ein. Er sah seine Mutter nackt in der Schublade liegen.

"Was für eine geile Alte!" dachte er und hatte damit ein historisches Urteil gefällt. Alles war in warmer, zerfließender, cremiger Butter. In schmilzendem, zartem Wachs.

So, das reicht für`s erste über seine Mutter. Aber vielleicht noch eben eine Sache:

Sie verschwand wieder in ihrer Frischebox und sang die selbstkomponierte Originalversion von "Love is in the air" auf deutsch:

"Liebe ist in der Luft, jeder Weg ich guck herum..."

Kapitel 3: Der Frühstücker

Am nächsten Morgen kochte er Kaffee und aß ein Rührei. Er biss mehrere Male das selbe Stück von dem Ketchup ab, auf dem er sein Brot geschmiert hatte. Die Milch die er tronk war von glücklichen Bauern und die Eier waren von freilaufenden Hühnern! Die Hühner, die immer in der Innenstadt rumlaufen und die Pommes aufessen, die da so auf der Erde herum liegen. Früher war das anders, da wurden sie noch in Scharen mit frischem Brot und Brötchen vom Volk gefüttert. Das oder die werden heute jedoch eher den Schnabeltieren im Teich reingeschmissen. Von den ganzen Touristen. "Ich bin nicht so einer, ich bin leicht zu haben!" las er in seiner Frühstückszeitung, während er nochmal ein Stück vom Marmeladenbrot abbaß und einen

weiteren Schluck seines köstlichen
Getränkes tronk. Dann war sein
Frühstück weg.

Kapitel 4: Im Gestüt

Er ging früh morgens zu seinem Gestüt, weil er ja noch den Hengst ausmisten wollte. Das erkannte man immer daran, dass er seine Stiefel in der Hose trug.

Das war allemal besser, als die Hose in die Stiefel zu packen, weil da ja sonst kein Platz mehr drin ist.

Auf dem Weg zum Stall sang er immer lautstark die Ballade von der Loreley.

Der Hengst wartete derweilen bereits freudig auf sein Herrchen.

Als er ihn endlich sehen konnte, wedelte er vor Glück mit dem Schwanz, wieherte ausgiebig mit den Hufen und machte vor lauter Mist Mist auf die Erde.

Pferdebeine sehen im Übrigen so ähnlich aus wie ein Spazierengehstock für alte Oppas und Wandersleute.

Damit kann man auch gut irgendwo anklopfen, oder blöde Leute hauen.

Das Einzige, wozu man den Sparziergehstock nicht so gut gebrauchen kann, ist zum Fliegen totklatschen!

Doch auch hier ist Vorsicht geboten: Bei falschem Umgang mit dem Stock kann man sich sehr schnell ein paar Finger abbrechen!

Und die dann wieder aufzuheben, mit abgebrochenen Fingern, ist gar nicht so einfach.

Des Weiteren kann man mit falschem Umgang auch seinen rechten Fuß abbrechen. Aber den kann man ja wieder dran machen. Mit Prittstift oder so. Oder mit Prickelpitt, wenn kein Gewinde zum festschrauben am Stumpf vorhanden ist.

Doch um dieser Gefahr gänzlich aus dem Wege gehen zu können, sollten sie erst garnicht auf die Idee kommen, einen Spaziergehstock einzukaufen.

Investieren Sie Ihr Geld besser! Zum Beispiel in ein Buch! Vielleicht: „Abraham Vogel und Asrael Zimmermann in "die Blockflöte des Todes!""
Ein sehr gutes, empfehlenswertes Buch, das ich geschrieben habe, nach Wirsing III, wenn es veröffentlicht ist.
Das können Sie kontrollieren, auf meiner sehr gut gelungenen Homepage: www.mariolostinio.de.tl !
Schauen Sie da ruhig immer rein, um zu prüfen, ob es was neues gibt. Vergessen Sie nicht den freundlichen Gästebucheintrag zu hinterlassen!

Haben Sie eigentlich gewusst, dass in Zigeunersoße gar keine Zigeuner drin sind?
Und in Jägersoße sind überhaupt keine Jäger drin!
Tja - da staunen Sie wohl.
Aber in einer anderen Soße schon! Ehrlich!!! Ne - Quatsch!
Und das Blut in den Berlinern ist kein Blut von Berlinern. So kommt alles raus!

Lostinio deckt auf!

Das ist in Wirklichkeit nämlich rote Beete, glaub ich! Oder Rübenkraut sogar.
In Bärchenwurst sind keine Bärchen sondern Schweine.
In Gummibärchen ist auch kein Gummi drin, das habe ich nämlich schon mal gesucht, da.

In Weingummi ist kein Wein, sondern irgendwas Süßes drin und in Frikadellen sind weder Frikas noch Dellen drin. Nur manchmal, wenn sie unsauber verarbeitet wurden.
Da ist nämlich was anderes drin: Gehaktes halb und halb. Halb gehakte Rinder und halb gehakte Schweine.
Also klitzekleingehakte Rinder und Schweine. Mit dem Pürierstab!
Nur in Wirsingen, da singen wir wirklich drin. Ansonsten bleibt alles weitere unter Verschluss, erstmal!

Auf dem Weg zum Gestüt hüpfte er wie ein junges Mädchen auf einer farbenfrohen Blumenwiese mit einem Körbchen in der Hand herum, bekleidet mit einer wunderschönen Schürze. Neben einer Lerche standen drei prächtige Reihen Douglasien, die er plötzlich und unverhofft entdeckte.

Sofort fiel ihm der lateinische Fachbegriff dafür ein: "Pseudotsuga"!
Da knackten seine Synapsen: "Diese Parfümerie ist dann wohl auch Vertreiber von Pseudo-Produkten."
Darauf hin fragte er sich, ob die Spinnen weinen, wenn man ihnen ein Bein abpflückt. Das probierte er auf der Stelle aus.
Auf der Suche nach den kuscheligen Achtbeinern traf er auf einen nassen Regenwurm.
Zu Deutsch: Lubricus terrestris.
Zunächst zerknüllte er ihn in seine einhundertfünfzig Segmente und riss dann von jedem Segment vier Chitin-Borstenpaare ab. Bis keine mehr da waren.
Danach hatte er den ganzen Regenwurm weggeschmissen und ihm den Kopf abgebissen, damit er orientierungslos war.

Also der Wurm!

Der Regenwurm zieht Nachts Blätter in die Erde, damit sie dort verrotten können. So konnte er stets dieses organische Material vertilgen.
Er ist ebenso, in höchstem Maße von Parasiten und Bakterien befallen. Was ihm aber auch zu Gute kommt.
Der Regenwurm besitzt keine Sinnesorgane, dafür allerdings ein ausgeklügeltes Nervensystem.
Daraus lässt sich schließen, dass er zwar keinen Sinn hat, aber nerven kann!!!
Es gibt keinen Regenwurmmann und keine Regenwurmfrau. Er ist beides. Sozusagen kann man ihn als Transvestit, Shemale oder auch als Ladyboy bezeichnen.
Jetzt platzte dem Wurm die Hutschnur: "Ey! Haben Sie ein an der Klatsche,

oder was?” schrie er den dicken Mann an.

Der antwortete voller Freude: “Ja gerne!”

Da empörte sich der Regenwurm: “Hey Sie da, haben Sie denn nicht mehr alle Taschen im Ssrank!?!?!?”

Da musste der Kollege sich aber mal schlapp lachen, weil der Regenwurm sich vor lauter Aufregung so lustig versprochen hatte.

Erwartungsvoll starrte er ihn an, aber er bekam nur zu hören: “Du Regenwurm, du! Darf ich einmal Deine Augen auf der Brille küssen?”

Das wirbellose Tier des Jahres Zweitausendvier machte vor Schreck einen Tropfen Pipi in seine Lederhose und bohrte sich schleunigst zurück in sein Erdreich!

Auf seiner weiteren Reise über die Wiese schwob er dann zwanzigtausend Meilen über dem Meer.

Da sah er aus heiterem Himmel einen bestuhlten Festplatz, der absolut ausverkauft zu schienen sei.

Das Publikum war schon total euphorisch, denn sie warteten bereits auf den Auftritt eines großen Künstlers.

Er ließ sich aber eine ganze Weile feiern, bevor er auf die Bühne kommen wollte.

Diese einmalige Gelegenheit nutzte unser Hauptdarsteller für sich!

Zum Glück fand er gerade auf der Wiese einen Wollknoll in grau und beige und mit Silberstreifen drin.

Das war seine Chance!

Er griff nach dem Wollknollknoll und rannte geradewegs mit einem Affenzahn auf die Bühne.

Er hielt sich das Wollknollknollknollwoll auf den Kopf und sprang immer hoch und runter.

Dabei rief er immer: „Ich bin eine hübsche alte Oma mit einem tuffigen

Dutt!" Gleichzeitig grüßte er immer damit, so als würde er ständig einen Hut vom Kopf abnehmen und wieder aufsetzen.

Das sah sehr lustig aus!

Aber das Publikum klatschte nicht und jubelte nicht! Die ganzen Leute waren eher entsetzt und schauten skeptisch auf den Fußboden.

Wie ein Popp-Star schoss er nun sein Wollknoll in die Massen und trotzdem waren alle immer noch nicht begeistert!

Da flüsterte ihm einer zu: „Entschuldigung, hier findet eine Trauerfeier statt!"

„Ah so, ja das erklärt Einiges..." antwortete er daraufhin und zog beleidigt von dannen.

„Kunstbananen!" fluchte er leise vor sich hin.

(„Kunstbananen" ist ein Wortspiel, welches vielleicht nicht direkt verstanden werden kann, aber weil der Autor vermeiden will, dass dieser Gag in der Luft zerplatzt, hier die Erklärung: Gemeint ist eigentlich „Kunstbanausen"!)

Aber die Sache mit dem Dutt ist trotzdem lustig!

<u>End nau noch mal kurz in englisch:</u>

(Wiss siss part of se book ju ken luk riäli importent or wichtig. For ixampel in se bahn oder so!) (the pipel luking wot ju ar riding and sen sei ssi, ju ar riding in inglisch end sey ssohrt "Oi" or ssamzing leik sis!)

<u>START:</u>
It was early morning on his farm, because he still wanted to muck out the stallion. The increasingly recognized that his boot in the pants wore.

That was all better than the pants into the boots to pack, because there is otherwise no more space in it.

On the way to the stables he always sang loudly the ballad of the Loreley. The colt already waited meanwhile joyfully to his master. When he finally could see him, before he wedelte luck with the tail, neighed extensively with the front hooves and made louder dung dung on the ground.

Horses legs look so similar in fact like a Spazierengehstock for old Oppas and migrant people. Thus one can well somewhere knock, knock, or stupid people.

The only what you Sparziergehstock not so good use, is to fly totklatschen! But here is caution: When dealing with the false floor, you can quickly cancel a few fingers!

And then repealed, with broken fingers, is not so simple.

In addition, you can also deal with wrong his right foot twice.
But yes, you can turn it back.
Pritt with a pen or something.
Prickelpitt or, if no threads to screw on the stump is available.
But to this threat completely out of the way to go, they should only garnicht come up with the idea of a Spaziergehstock shopping.
Invest your money better! For example, in a book! Perhaps: "Abraham Vogel and Asrael carpenter in the Recorder of death!"
A very good, recommendable book that I wrote, after kale III, when it is published.
You can check on my very successful site: www.mariolostinio.de.tl!
Watch as always purely peaceful, to check whether there is something new there. Do not forget the friendly scrapbook entry to leave!

Have you actually know that in no
Zigeunersoße there are gypsies?
And in Jägersoße are absolutely no
hunters in it!
Well - since you might be amazed.
But in another sauce already! Honestly!
Ne   -   baloney!
And the blood in the Berliners is no
blood of Berliners. So everything
comes out!
Lostinio reveals!
That is, in fact, namely red beds, I
think! Even cabbage or beets.
Bear in sausage bears but are not pigs.
In Gummi is no rubber in it, I namely
ever wanted since.
In wine is not a rubber wine, but
something sweet inside and meatballs
are not yet Frikas dents in it. Only
sometimes when they were processed
crude. Because what else is there:
Gehakt half and half beef and half hook

half Gehakt pigs. So klitzekleingehakte cattle and pigs. By Pürierstab!
Only in cabbage, because we really sing it. Otherwise everything else remains under seal, first!

On the way to stud, he hopped like a young girl on a colorful flower meadow with a basket in her hand around, dressed in a beautiful apron. Besides a lark, three rows of magnificent Douglas fir, which he suddenly and unexpectedly discovered. He immediately dropped the Latin term favor: "Pseudotsuga"!
Since its synapses cracks: "This perfume is probably also the distributor of pseudo-products." Then he asked himself out whether the spiders cry when you give them a leg abpflückt. That he tried at the location. In search of the cuddly Achtbeinern he met on a wet earthworm.

Among German: Lubricus terrestris. First rumpled him in his one hundred and fifty segments and then tore each segment of chitin four couples from Borst. Until there were no more. Then he had the whole earthworm weggeschmissen and his head off, so he was disoriented.

So the worm!
At night the earthworm moves leaves into the soil so that they can rot there. Thus, he could always this organic material extermination.
He is also, in highly contaminated with parasites and bacteria infect. What he did well to come good.
The earthworm has no sense organs, but for a sophisticated nervous system.

This suggests that although he has no sense, but can be annoying!

There is no husband and no earthworm
earthworm woman. He is both. You
can sort it as a transvestite, Shemale as
a Ladyboy or even describe.
Now the worm burst the Hutschnur:
"Hey! Do you have a flap at, or what?
"He screamed at the big man.
The joy replied: "Yes, happy!"
As disgusted that the earthworm: "Hey
you, because you do not have any more
bags in Ssrank !?!?!?"

Since the colleague had to laugh but
flabby times because of the earthworm
in front of a loud commotion had
promised so funny.
He stared expectantly at him, but he
only got to hear: "You earthworm, you!
May I once your eyes on the spectacle
kiss? " The invertebrate animal of the
year two thousand four did fright
before a drop of wee-wee in his

lederhosen and drilled to quickly back into his soil!
On his further journey across the meadow Schwob he then twenty thousand miles above sea level.
As he looked out of sky accounts for a festival seating, which seemed totally sold out to be.
The audience was totally enthralled, because they already waited on the appearance of a great artist.
He was quite a while but celebrate, before he come to the stage wanted.

This unique opportunity exploited our main characters for themselves!
Fortunately, he found just on the Wollknoll showed a gray and beige and silver stripes in it.

This was his chance!
He attacked after Wollknollknoll and ran straight with a bucket on the stage.

He held the Wollknollknollknollwoll
on the head and jumped up and down
ever. They always called it: "I am a
pretty old grandmother with a tuffigen
Dutt!" At the same time, so he always
greeted as if he would ever head of a
hat off and back on.
That was made very funny!
But the audience clapped and cheered
not not! The whole people were
appalled and looked rather skeptical on
the floor.

Like a pop star he shot his Wollknoll
into the masses and yet were all still
not thrilled!
Since whispered to him: "Sorry, here is
a celebration instead of grief!"

"Ah so, so that explains a lot ..." he
replied and then moved offended by
then. "Art bananas!" He cursed quietly
out front.

("Art bananas" is a word game, perhaps not directly can be understood, but because the author wants to avoid that this gag in the air bursts, the statement here: This is actually "Kunstbanausen"!)

But the thing with the Dutt is still funny! So much for the first time in English…

Bat do not zink it woss ol! Ser kams mor, bat not in sis buk!

Gos on in djscherman:
(Geht weiter in Deutsch!)

Fertig, dieses Kapitel! Oder dieser Kapitel! Oder diese Kapitel sogar...!
The next one!

THE END OF ENGLISH → Wer schreibt eigentlich so eine Scheiße hier? Ach – das bin ich ja selbst! Komisch...

Kapitel 5: Mal gucken, ne!?

Okey, the next one – just to come back out of this strange world! But not ganz so strange:

Also – er holte sich seinen verdammten Drecksrechner aus der Dreckskammer und schultete dieses verdammte Drecksstück, diese verhurte Drecksschlampe an.

Er wollte ein Buch schreiben. Ein Buch mit mindestens tausend Seiten! Das tat er auch. Aber nach der Hälfte des Buches war sein Papier alle.
Er fluchte und schimpfte und war stinksauer. Gerade wollte er den Scheissdrucker und den Scheisspiuter kaputt schlagen, da fiel ihm sein goldener Gedanke ein, der Goldene, der in einem goldenen Käfig versteckt war.

Der goldene Gedanke in einem
goldenen Käfig war dieser: „Bernie...“
Ach ne, Blödsinn! ...war dieser:
„Du hast doch noch ein leeres Blatt
gespeichert. Das musst Du einfach
ausdrucken, und schon hast Du wieder
leeres Papier!!!“
Ein genialer Gedanke! Wenn er denn
richtig gewesen wäre! Tja – er halt...

Nach der bitteren Erfahrung, dass es so,
wie er es sich vorstellte nicht
funktionierte, prügelte er doch seine
Multi-Media-Ausrüstung zu Tode!!!
Seine Mutter sah das ganz zufällig und
sagte: „Junge...“
Er stirrte, kochend vor Wut zurück und
dampfte durch die Nase wie ein Büffel
oder Stier oder Tier.
Seine Mutter zog sich fix zurück in den
Schubladenetagenvermieter! Ja ja..!!!
Er ronnte wech und blieb an einer
Autobahnabfahrt stehen.

Er wartetetete auf seine Kumpel, von dessen Wagen er wusste, wie er aussah. Also, er wusste wie der Wagen vom Kumpel aussah, aber nicht vom Wagen, wie der Kumpel aussah. Seine vielen guten Gedanken überschlogen sich:
„Zu klein..., zu groß..., zu alt..., zu teuer..., zu sportlich..., zu eckig..., zu rund..., zu bunt...“
Aber dann sah er einen Golfspieler! Hurtig eilte er zu seinem Rucksack und griff ihn sich, als auf einmal sein nächster „stranger“ Gedanke kam:
„Ne, waddema, waddema, waddema..., das wäre zu abstrakt! Das ist doch suspekt!“
Und er sollte Recht behalten: Der Golfspieler ging weiter! An ihm vorbei!
Noch viele Stunden wartete er enttäuscht auf seinen Golf-Fahrer! Seinen Kumpel!

Als er dann irgendwann begriffen hatte, dass er nicht mehr kommen würde, (vielleicht, weil er nicht wusste, dass er kommen soll) ging er zerstört mit seinem Daumen, quatsch, Rucksack im Wind, wieder quatsch, im Gepäck, quatsch im Rücken, also das Ding drin da drin!

Ne!? Back to down to the down by the river, nearlly the PizzaKing and BurgerHut! The Ding dazwischen! Der mit der Farm!

Dort saß er eine Weile mit seinem Daumen, quatsch, Rucksack im Wind, wieder quatsch, im Gepäck, quatsch im Rücken, ne, Kaffee im Sack, Kopf im Kaffee, Kaffee im Kopf, Hand im Ah...

Ah ne, Kaffee in seiner Hand und belauschte den Dialog eines jungen Pärchens:

„Du hast doch jetzt angefangen zu popeln!" „Gar nicht wahr! Du hast angefangen!"

„Pass mal auf: Wenn Doofheit leuchten würde, bräuchtest Du Nachts keine Lampen mehr!" „Ey Du Arsch!" „Was denn? Hast Du jetzt angefangen oder ich?" „Fick Dich doch!" „Ne, fick Du mich doch!!!" „Okey, Baby!"

Ahhhh... jetzt wusste er wie es geht!

Er stand auf, nahm seinen Kaffee und setzte sich zu einer wahllos ausgewählten jungen hübschen Frau und sprach:
„Fick Dich doch!"
Sie sprach empört: „Wollen wir ja mal sehen, Du Arsch!" Er antwortete: „Ja, dass wäre ja schon mal was!"...

Dann kam ihr Freund, der vorher noch die Bestellung entgegen nahm auch an den Tisch! Als er fragte, was dieser Typ hier wollte, antwortete sie ihm nur, dass er was von „ficken" faselte!

Ihr Freund, zwei Meter drei groß, neunzig Zentimeter breit, gutaussehend, durchtrainiert, jeder Gramm seines Körpers reine Muskelmasse, schmiss dass Tablett auf den Tisch und schnappte sich unseren Dicken, der schon etwas dünner war und katapultierte ihn achtkantig im Sturzflug raus aus dem Schnellrestaurant! Er hat ihn getötet!!! Also fast!

Unser Hauptdarsteller kam bewusstlos wieder zu Sinnen und war stinksauer!
Oh ja, so sauer war er noch nie, auf seine Mutter! Sein heutiger Plan war klar: Er prügelt sie windelweich!!!
Weil sie war ja Schuld an allem! Wegen dem Computer und der Schublade und so! Sie war ihm, ohne es zu wissen ausgeliefert! Und er war des Hasses sauer auf sie mit hundert

km/h (Kilometer in der Stunde) unterwegs!

Er hatte mehr PS als eine ganze Pferdehorde! Oder zwei sogar! Oder sogar mehr als ein ganzes Pferd alleine!!!

Seine Mutter lag ahnungslos im Sessel und dachte gar nichts! Außer „SYNTX ERROR" vielleicht. Aber unbewusst, weil sie ja noch nicht wusste, dass ihr Sohn wie eine wildgewordene Meersau auf seinen Hufen angebüffelt kom!

Trotzdem, bei „SYNTAX ERROR" lag sie immer breitbeinig im Sessel, um ihr Löchlein schon mal ein bisschen zu entlüften und Platz zu machen für den Hengst dieser willigen Braut!

„Ficken, ficken, ficken!" dachte sie, und sie sollte Recht behalten! Sie wurde gefickt! Aber so was von...!

Wow – was für ein Glücksgefühl! Gemütlich schluf sie und ihr zorniger Sohn ein. Man darf nicht vergessen:
Er hat vor Wut gefickt, und deshalb so richtig heftig! Sie hat vor lauter Geilheit und Extase geschrieen und ihm den Rücken blutig gekratzt, aber er hat einfach weitergemacht! Seinen Frust weggefickt, quasi!!! Und das tat BEIDEN mal sehr gut!
Aber am nächsten Morgen wollte weder er, noch seine Mutter was davon gewusst haben. Im gegenseitigen Einvernehmen!
Der Rest bleibt Geschichte!!!

„Schweinesau!" dachten beide gegenseitig noch mal kurz, bevor sie Hand in Hand nach draußen gingen, um etwas Leckeres einzukaufen.
Sie gingen Arm in Arm die Straße entlang und küssten sich zwischendurch für einige Sekunden.

Mit Zunge! Sie waren nun verliebt wie ein frischgeficktes Eichhörnchen.

Also – wie ein frischverliebtes Paar. Sie waren ein ebenso Ungleiches: Er dick und klein, sie groß und dürr, mit Bart, Glatze und vielen Holzteilen.
Aber was scheren einen schon die Blicke anderer, wenn man selbst zufrieden mit der Welt und ihrer ersten Tochter, dem Frühling ist.
Auch ihre Töchter zwei bis vier würden wohl verheißungsvolles Glück verheißen wollen. Sommer..., Herbst..., Winter...! Allesamt tolle Monate. Und dann die beiden Stieftöchter von ihr:

Karneval in Köln (KiK) und Karneval in Düsseldorf (KiD). Sie mussten sich die fünfte Jahreszeit teilen.

Aber weil KiK ja ihr Lieblingsstiefkind war, hatte es mehr

Rechte und Freiheiten als KiD! Tja – selbst Schuld, ne – Karneval in Düsseldorf... Wie das schon klingt!
KiD musste immer kochen und putzen und bügeln und Staub putzen und Staub saugen und spülen und abtrocknen und den Müll rausbringen und Wischen und Waschen und Wäsche aufhängen und den Flur machen und einkaufen gehen, Wäsche falten, den Schrank einräumen, die Kinderzimmer aufräumen und aufräumen und aufräumen, die anderen bedienen und alles hinterher tragen, Kotze wegmachen vom Saufen vom KiK und die Kackspritzer in der Toilette vom Dünnschiss von KiK und die Pissflecken neben der Toilette wegwischen von KiK und noch jegliche sonstigen Arbeiten, die im Haushalt anfielen.

Und das alles zurecht! Auch aus meiner Sicht! Und aus Sicht der Mutter Erde, die KiD verachtete, so wie ihre anderen Kinder es auch taten. Zurecht!!!

Und das Beste daran ist, dass keine Fee kommen wird, die KiD verzaubern, verändern oder erlösen wollte. Auch keine Prinzen würden sich das antun wollen. Nicht mal ihr unehelicher Vater Prinz Karneval. Jungfrauen sowieso nicht und selbst die Bauern waren sich tausendmal zu fein dafür, KiD auch nur mit den Fingerspitzen anfassen zu müssen, geschweige denn anschauen zu müssen, aber nicht mit den Fingerspitzen, nein – mit den Augen sogar!
Jedes Kind weiss: „KiD ist zu verachten!" Zu recht! Schon aus Prinzip!!!
Karneval in Düsseldorf! Tz...
Kein Wunder, dass dieses Kind mit Füßen getreten wurde und von allen ausgelacht. Und dass es nicht mal einen

Prozent Anteil an der fünften Jahreszeit hatte!

Düsseldorf hatte immer schon nur eine positive Sache: Der, der im goldenen Käfig versteckt ist: Bernie!!! Yeah!
Aber das ist eine andere Geschichte!
Davon... erzähle ich Euch beim nächsten Mal...

Entschuldigung, der Künstler ist grad vom Thema abgekommen, aber ein wenig auf die Jahreszeiten einzugehen ist ja auch nicht sooo verkehrt!
Doch wir sind jetzt wieder beim verliebten Pärchen im Frühling!
Sie befanden sich kurz vor dem Einkaufszentrum, in dem er auch seine Marshmellows zu kaufen pflegte.

Ach ja, mein Running-Gag:
„Wie nennt man Menschen die oft und gerne marschieren gehen?“

„Marschmenschen!“
Hahahahahahahahahahaaaaaaaaaah…
Ist der geil! Immer noch!!!

So! Kurz vor dem Einkaufszentrum:
Beide bekamen eine richtig dicke Latte
in der Hose und beide konnten es sich
nicht verkneifen, durch den Hosenstall
das Hammerrohr des jeweils anderen
zu umgreifen!
Sie standen in aller Öffentlichkeit, aber
es ließ sich nicht mehr verhindern, dass
sie sich gegenseitig das Ding aus der
Hose herausholten und eifrig die
Vorhäute hoch und runter schoben. Die
Pillemänner schauten durch den
offenen Reisverschluss heraus,
umpackt von den Händen der Mutter
und des Sohnes.
„Mütze – Glatze – Mütze – Glatze…“
sprachen beide immer ganz schnell
beim wichsen!

Die Leute drum herum schauten entsetzt, ja geschockt, bei dem was sie sehen mussten. Aber keine Leute konnten wieder wegschauen!

„Wadde, wadde, wadde, ich nimmen innen Mund!" schrie seine Mutter und kniete sich zurecht. Schon machte sie dicke Backen, weil der Mundraum ausgefüllt wurde. Immer noch spielten sie „Mütze – Glatze" aber jetzt mit Speichel und lautem Gestöhne des Dicken!!!
„schprrrmmmrrrinnmaull" nuschelte seine Alte mit dem Teil im Mund, was soviel bedeuten soll wie „Spritz mir ins Maul!" ohne Teil im Mund.
„Joaaaah – ich kohhmä, iicchh kooohmääähhh!" stöhnte ihr Sohn brüllend!
„Schluck, Du alte Sau!" stöhnte er weiter!

„Ah, ah, ah – gluck, gluck!" erwiderte seine Mutter, während er in sie hineinspritzte.

Schnell zog sie den Pillemann aus dem Mund heraus und rief würgend: „Wo ist Dein Eimer, wo ist, äch, ühh, Dein äääääch, Eimer!!!???!!!???!!!???"
Schon kotze sie ihm auf die Genitalien. Auf die Wurst mit den Eiern. Schwanz und Sack!
Ja sie war es nicht gewohnt zu schlucken. Aber in dieser Extase wurde es ihr erst wieder bewusst, als sie das eitrige Zeugs im Rachen kleben hatte.
Gut, sie hatte kein Problem damit, ihm sein Teil zu lutschen, auch wenn unter der Vorhaut diese cremige Konsistenz aus Urin, Onaniertem und Flusen aus der Unterhose zusammengemischt zu einem Kringel festklebte, aber Wichse schlucken, das wusste sie nun, ist nichts für sie!

Jetzt war er vollgekotzt am Sack und fand das so ekelig und widerlich, dass er auch kotzen musste, und zwar auf seine, noch vor ihm kniende Mutter.
Auf ihren Kopf!
„Du kotzt mich an!" schrie sie!
„Du mich doch auch!" schrie er zurück.

Das entsetzte Volk, welches dem Schauspiel ergriffen zu sah war so angewidert, dass auch jedem Einzelnen so richtig übel wurde.
Während Mutter und Sohn sich nun gegenseitig und literweise ankotzten, und beide versuchten, den anderen so gut es geht mit seiner Kotze zu treffen, musste nun auch das gesamte Publikum anfangen zu kotzen!!!

Alle kotzten! Die ganze Zeit! Überall hin!

Ein Fetzen Affenhirn-Kotze klatschte an die Arschbacke einer Mutter, die etwas Gesundes zum naschen für ihre Kinder kaufen wollte.

„Wir sind alles Säue!“ schimpfte sie alle und sich selbst aus.

Ein Brocken Currywurst-Kotze flog in den Korb von einem Schnelllaufgerät für alte Omas.

Die Inhaberin kotzte auf der Stelle zehn Liter Currywurst-Kotze!

Einer kotzte sogar seine Fäkalien aus den Darm heraus. Darüber muss man sagen, dass der Gestank im Gesamtgestank vor dem Einkaufszentrum auch nicht mehr auffiel.

„Pfui Spinne, pfui Spinne!” rief eine aufgebrachte Frau immer ganz laut, während sie ständig von A nach B und von B zurück nach rannte, um in möglichst viele Kotze-Pfützen zu springen, damit sie sich darin wälzen kann.

Jemand, der eine leere Kiste Bier zum Pfand-Automaten bringen wollte, kotzte jetzt alle zwanzig Flaschen wieder voll, um sie später wieder trinken zu können. Dann fraß er eine Portion ausgekotzte Pommes rot weiss. Er stopfte sie sich mit beiden Händen gierig in seinen Mund. Zur Feier des Tages kotzte er noch mal fünf Flaschen extra voll.

Der Fettsack kotzte ein zwanzig Zentimeter langes Stück Bratwurst am Stück aus. Dieses Flog mit einem Schwall auf den Tirolerhut eines zigarrenkotzenden, Benz fahrenden Rentners und blieb da liegen. Was „natürlich", weil alle miteinander beschäftigt waren, keiner gemerkt hatte. War ja auch nicht weiter schlimm. Erstmal!

Aaaber: Warten Sie ab! Das wird lustig...

Ein paar vertrocknete Stimmbänder, die an einer – zufällig dort rumstehenden – Dose Ravioli klebten, kotzten pausenlos Angstschreie aus und ausgekotzte Augen verfolgten dieses Geschehen mit blankem Entsetzen!

Jetzt musste er sich bald wirklich einen neuen Tirolerhut kaufen und diese Tatsache nicht mehr nur einfach singen. Ha!

Jedenfalls lag unser Dicker da jetzt so rum, total dünn, weil er mindestens zweiundvierzig Liter Kotze ausgekotzt hatte. Aber: Jetzt war er dünn! Ja „Hurra!" !!!

Und das nur, weil er seiner Mutter unbedingt den Rachen vollwichsen musste. Ist ja klasse!!! Er hat es geschafft!

Jetzt trafen hier sämtliche Nationen aufeinander: Mörder, Metzger, Maurer und Millionäre. Alle gratulierten ihm mit Gratulationskotze!

Ein Vogel kotzte sogar vom Himmel: Vogelkotze!

Das fanden die Leute jetzt aber ekeliger und widerlicher als alles, was sie jemals erlebt hatten: Ein Vogel, der vom Himmel kotzt! Igitt!

Der Dicke, der jetzt dünn war, kotzte schnell noch aus Spaß ein paar Vögelbabys aus. Einige sogar noch mit Schale. Eierschale! Vom Kopfsalat!

Die Party war zu Ende und er ging rank und schlank zu Hause. Er sah nun sehr attraktiv aus und betrachtete sich mehrere Tage im Spiegel! Wenn er noch gekonnt hätte, dann hätte er aber! Sie wissen...

Jetzt war er der „Schlankie-Next-Generation"! und in dieser Rolle fühlte er sich wohl und wohl gut! Ja – er erinnerte sich selbst an eine tolle

Comic-Figur! Aber an welche? An „Jerry" vielleicht, weil er nun so gewitzt wie sie in die Löcher rein konnte. Er war jetzt ein Schlitzohr! Auch wenn keiner weiss, was das eigentlich ist. Aber er fühlte sich einfach nur gut! Und das hatte er sich verdient! Normalerweise nimmt man auf einer Party ja zu, aber er hat zweiundvierzig Liter abgenommen.

Dafür kann man ihm schon mal ein Küsschen geben, obwohl... ne – besser nicht ein Küsschen geben! Wer weiss, wer weiss...

„Wer reich ist, ist auch sexy!" Und weil diese Aussage ja das eine mit dem anderen gleichstellt, muss es im Umkehrschluss ja auch bedeuten: „Wer sexy ist, ist auch reich!"

Und er fühlte sich sexy. Deshalb musste er auch reich sein! Von daher ergab es sich, dass er eine Reise in die Vereinigten Staaten von Amerika machte und dieses Abenteuer in seinem Tagebuch, welches er seit diesem Tag führte, festhielt:

„Ich wollte Urlaub im wilden Westen, eine Billigreise kann man ja mal testen, doch schon im Flieger dachte ich: „Nanu, nanu!" – vor mir zwanzig Hühner und hinter mir ne Kuh!
Na jedenfalls kam ich bald im Westen an, das Viehzeug das stieg mit mir aus, mitten auf dem Land. Und ich gehe und ich gehe und ich gehe und ich gehe und ich sehe: Nichts!
Doch plötzlich Indianer, sie umzingeln mich, der alte Häuptling sah mich an und er sagte dann: Alter Wolf will feiern! Dann sangen seine Indianer eine Indianer-Musik mit indianischen Texten. Ungefähr so: „Heja heja ha, heja heja ho!"
Und wir tranken Feuerwasser, tanzten wild durch die Prärie, und es wurde

immer krasser, so `nen Spaß hat` ich noch nie! Doch plötzlich „Hey was soll denn das? Warum fesselt ihr mich fest? Ja und warum macht ihr Feuer? Jetzt sagt nicht, dass ihr mich esst!"
Und die fingen an zu geiern und ich war fast am flenn`! Was haben die zu feiern? Ich seh` zu, dass ich weg renn`! Doch irgendwie, da ging das nicht und der Häuptling grinst mir ins Gesicht: Das warr alles nurrr ein Schepassss, wirrr hammm Disch nurrr verassssst, hehehehe!
Naja, in jedem Fall war ich ja doch ganz froh, als ich wieder zu Hause angekommen bin, war mir auch ziemlich sicher, da fahr ich nicht mehr hin!

Oh – Moment mal – Es klingelt an der Tür! Hm... wer mag das wohl sein?

Um Gottes Willen, das kann nicht wahr sein, da mache ich die Tür auf und die ganzen Indianer stürmen rein, die sind mir hinterher, bis hier her! Und der Häuptling sprach – und es klang wie ein Deja-vu in meinen Ohren:
„Alter Wolf will feiern!" und wieder sangen seine Indianer ihr Indianer-Lied!!!

Und das hatte er diesmal nicht zum Ende des Buches hin geträumt. Nein – es war die nackte Realität. Auch wenn er nun einen echten Haufen Schulden hatte. Und nicht nur die Schulden! Sondern auch die ganzen Indianer!!! Alle zu Hause bei ihm!

Und mit dieser neuen Situation sollte er nun klar kommen. Immerhin waren sie seine Gäste und nicht die seiner Mutter. Obwohl sie ja auch ihren Spaß an und mit den coolen Indianern hatte.

Sie konnte sich sogar vorstellen, als Frau des Häuptlings wieder mit nach Indien zu fahren. (Weil sie nicht wusste, dass Indianer nicht aus Indien kommen dachte sie Indien!)
Tja – aber so viele Leute bewirtschaften war nicht nur anstrengend und zeitaufwendig und stressig und teuer, nein es war auch noch nervig dazu!
Aber seine Nerven interessierten hier niemanden. Nicht mal seine Mutter. Sie war nämlich nur noch damit beschäftigt, sich an den Häuptling ran zu schmeissen. In ihrem besten Kleid! Und der fand das auch noch gut, dass er so heiss begehrt wird von einer Bleichgesichtin mit Nase wie Gonzo.
Jetzt ging es dem ehemals Dicken wie der fünften Jahreszeit KiD:
Er musste immer kochen und putzen und bügeln und Staub putzen und Staub saugen und spülen und abtrocknen und

den Müll rausbringen und Wischen und Waschen und Wäsche aufhängen und den Flur machen und einkaufen gehen, Wäsche falten, den Schrank einräumen, das Schlafzimmer aufräumen und aufräumen und aufräumen, die Indianer bedienen und alles hinterher tragen, Kotze wegmachen vom Saufen von seiner Mutter und die Kackspritzer in der Toilette vom Dünnschiss von seiner Mutter und die Pissflecken neben der Toilette wegwischen von seiner Mutter und noch jegliche sonstigen Arbeiten, die im Wirtschaftsunternehmen, beziehungsweise Unwirtschafts-unternehmen „Mutter will Häuptling" anfielen.

Echt mal blöd gelaufen. Das Konto rasselte wie eine Wasseruhr ins unermessliche Minus! Er musste sogar einen Catering-Service engagieren, damit er alle gleichzeitig verköstigen konnte. Und für die Moslems unter den Indianern musste er sogar gesondert kochen. Aber das tat er gerne! (Koch!!!)

Jetzt dachte er in Intervallen immer nur noch:

und das zu Recht! Da pflichte ich ihm bei! Das hatte er nicht verdient!
Aber das ändert ja nichts an seiner Situation! Er musste sich einen genialen Plan einfallen lassen, um die Horde wieder los zu werden. Und wenn es geht, seine Mutter, welche ihm bereits soviel Pein und Peinlichkeiten zufügte ebenso!

Vielleicht fände er ja Rat bei Meister Bern von Dorf an der Düssel zu Dorf...

Aber der lebte doch in den „Verbotenen Tälern“...
Dort, wo Riesen einfach durch die Lüfte schwoben.
Dort, wo aus allem Rot Grau wurde.
Dort, wo man KiD hin verbannt hatte, vor etlicher Zeit.
„Da würde doch niemand freiwillig hinausziehen wollen“ dachte er „und auch nicht hin!“ führte er seinen Gedanke fort.
„Es sei denn man ist ein wahnsinniger Prinz oder ein lebensmüder Ritter oder beides in einem!“ Aber weder dies noch das, und erst recht nicht das Dritte war er.
Sowieso, ist das Dritte nicht eher eine Institution, welche Menschen via Medien informiert, etabliert oder gar verwirrt!?
Sowohl akustisch, als auch audio-visuell...

Ja, mag sein! Aber das war nun wirklich nicht mehr seine Sorge!

So, so... er schreite also zum Himmel... Ist ja interessant! Aber warum kam keine Antwort von da? Na ist doch logisch: Weil er Himmel nicht antwortet. Außer dem Don Camillo vielleicht, doch selbst das ist noch nicht bewiesen worden.

Er hat gesehen, dass einer seiner Gäste eine Motte an der Wand totgemacht hatte. Mit seinem Pantoffel!
„So ein Arsch! Der gehört doch weggesperrt. Mörder!“ schoss es ihm durch den Topf! Zopf! Kopf! Ja genau! Doch sein Trick, um ihn zu bekehren, war: Psychologie!
Er ging nicht mit seinem bösen Gedankengut auf ihn zu, sondern versuchte, ihm plausibel zu machen, dass er mit dem Tötungsdelikt an diese

Motte einen großen Fehler machte, indem er ihn sich zur Seite nahm, nachdem er eine weitere Motte einfing und im Glas zur Schau bereit hielt und folgende Worte in sein Ohr flüsterte:

„Schau sie Dir mal ganz genau an, wie sie da sitzt mit den Füßen an der Wand, wenn Du genau hin schaust, kannst Du ihre Augen sehen, sei Dir sicher, auch sie kann Dich gut sehen!

Bei Manitu, sie ist leider so naiv, fast alles was sie anfängt, geht meistens schief, hat so oft beim Spiel mit dem Feuer sich schon verbrannt, am Licht – es zieht sie magisch an!

Sie ist so klein und hat Dir nie etwas getan, sie ist nicht böse und greift Dich niemals an, sie beisst Dich nicht, sie sticht Dich nicht, hat kein Interesse daran, doch siehst Du sie, im Leben schweben, sag, was tust Du dann...

Beim achtbeinigen Riesen ist sie so verloren, fliegt sie hin zu ihm, sei Dir sicher, wird er morden, es gibt für dann ganz bestimmt kein Zurück, sie hat nur selten Liebe, Freude oder Glück!

Sie lebt nur zum sterben, hat Feinde überall, viel älter wird sie wohl auch nicht werden, wenn Du sie siehst, kommt der Knall!

Das Schlimmste, was sie Dir antun könnt: Sie knabbert ein klein wenig an Deinem Hemd. Du bist am fluchen und schwörst Dir „Jetzt ist sie dran". Sie fleht Dich an: „Was hab ich Dir getan? Ich hatte großen Hunger, und Du – wann ziehst Du dieses Teil schon mal an?"...

Tja – zum einen wird diese Gewissensbisse erzeugende Message in die Geschichte eingehen, und zum anderen: Die Gegenwart von Mottenbeschützer ist absolut hochgiftig für alle Indianer des Stammes welcher sich in seinem Zimmer ausbreitete.

Dies hatte zur Folge, dass alle wieder abhauten und seine Mutter verfluchten als „Mott-pro-born-slamp!", was auf Deutsch soviel bedeutet wie „Frau, die Mottenliebhaber zur Welt bringt"! Im Indianerland war dieses Wort Gang und Gebe!

Cool! Das Problem war gelöst! Die Indianer flogen dahin zurück, von wo sie angeritten kamen.

Das war gut! Er freute sich einen ganzen Baum!

Aber Muddi war stinkendsauer! Also brachte er sie kurzer Hand mit einem, von den Indianern vergessenen, Tomahawk um! Er betonierte sie in die

Wand zwischen Wohnzimmer und Kinderzimmer ein und genoss erst mal seine Ruhe.

Die Ruhe vor den Indianern, die Ruhe vor seiner notgeilen Mutter.

Er wichste in ihren Fernsehsessel und in alle Bierflaschen!

Dabei fühlte er sich zum ersten mal heroisch und wusste, er ist nun unabhängig und frei!

Diesmal war es kein Plan, sondern eine Affekt-Handlung und diese hatte sich viel mehr gelohnt, als immer alles vorher groß und breit zu planen.

Diese bescheuerten Tage waren endlich vorbei. Indianer weg, Mutter weg! Er konnte seine wohl verdiente Ruhe nun in vollen Zügen genießen. Und diesmal waren es keine Züge von Dortmund über Düsseldorf nach Köln!

Er setzte sich auf sein frischbezogenes Bett (Danke Muddi!) und fiel langsam aber sicher nach hinten. Dann schlof er ein und bündelte sich zu einen tiefen und festen Schlaf zusammen!

Soviel gequirlte Scheiße schreibt eigentlich kein Mensch auf einmal, aber na gut...

Er fummelte sich die Kotze heraus, die irgendwer mit Megadruck in seinen Arsch beim Megakotze-Contest hineingekotzt hatte.
Er prüfte aber jeden Bissen auf seine weitere Verwertbarkeit. Bedeutete: Was konnte er noch essen und was nicht.
Nicht alles war offensichtlich so bekömmlich, weil einiges schon einen braunen Film auf der Oberfläche an sich genommen hatte. Diese Brocken musste er erst mal unter klarem Wasser abspülen, damit sie keinen bitteren Beigeschmack mehr haben.

Das war eine gute Idee, aber sorgte sie aufgrund ihrer Wurzeln auch für eine leichte Magenverstimmung!

Das war aber egal. Er konnte ja nun essen, wie er es wollte. Denn er war ja schön dürr!

Also haute er rein. Bratwurst und Co KG!

Und es hat ihm so sehr gemundet, dass er seinem alten Hobby wieder eine neue Chance gab: Bullemie!

So hielt er sich die Hand vor den Mund, ja sogar beide Hände und streckte die Finger voneinander. Er legte sie dabei so übereinander, dass sich zwischen allen Fingern eine kleine Karo-Form bildete.

Durch diese kleinen Förmchen pumpte er nun unter Hochdruck das Zeug heraus, welches er gerade erst durch die selbe Körperöffnung hineinpresste.

Es spritzte nur so in alle Himmelsrichtungen!

Und Achtung…

Ein zigarrerauchender, Benz fahrender, alter Rentner saß hinter seinem Lenkrad und dachte:
„Wuisn meine Zigarre…", dann griff er auf seinen Tirolerhut und murmelte sich wieder in seinen Bart:
„adaisse ja!"
Er steckte sie sich in den Mund!

Jawoll – ja!!!

Danke für den Erwerb des Buches!
Ihr: Mario Lostinio!!!

PS:
Sollte trotz sorgfältiger Korrektur-lesung der ein oder andere Rechtschreib- oder Grammatikfehler aufgetaucht sein, so sehen Sie es mir nach. Ist halt alles nur Wirsing!

<u>Nachwort:</u>
Herzlichen Dank für das Referat über Regenwürmer an Mischa Fietz aus (derzeit) Leverkusen. Ohne ihn hätte ich nicht annähernd so toll über einen Regenwurm berichten können. Und das darüber gelesene ist somit irgendwie alles wahr!
Er selbst wollte nicht, dass ich diese Tatsache gesondert erwähne, aber ich habe ihn dazu gezwungen, bis er es selbst geglaubt hat.
Außerdem bleibt noch zu sagen, dass er ein echt guter und cooler Typ ist! Lostinio und ich jedenfalls haben ihn echt gern!

Gruß aus Köln an Mischa:
Mario!

Bitte warten Sie ganz lange gespannt auf:

„Wirsing III – Das „Lecker-Nachschlag"-Buch!!!

Vielen Dank!